¡ABRE LOS OJOS Y APRENDE!

Casas

BLACKBIRCH®
PRESS

THOMSON
—★—
GALE

San Diego • Detroit • New York • San Francisco • Cleveland
New Haven, Conn. • Waterville, Maine • London • Munich

For more information, contact
The Gale Group, Inc.
27500 Drake Rd.
Farmington Hills, MI 48331-3535
Or you can visit our Internet site at http://www.gale.com

Photo credits: pages 4, 6, 12, 16, 22 © CORBIS; pages 8, 10, 14, 18 © Corel Corporation; page
20 © PhotoDisc

LIBRARY OF CONGRESS CATALOGING-IN-PUBLICATION DATA

Nathan, Emma.
    [Homes. Spanish]
    Casas / by Emma Nathan.
        p. cm. — (Eyeopeners series)
    Includes index.
    Summary: Introduces different types of houses that are found around the world, from
    Arctic igloos to Tanzanian huts made of mud, straw, and grass.
        ISBN 1-41030-027-7 (hardback : alk. paper)
        1. Dwellings—Juvenile literature. [1. Dwellings. 2. Spanish language materials.] I. Title.
    II. Series: Nathan, Emma. Eyeopeners series. Spanish.

TH4811.5 .N3818 2003
643'.1—dc21   2002152583

CONTENIDO

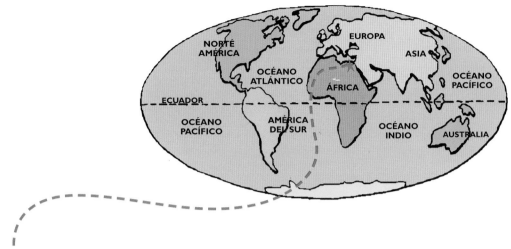

EGIPTO

Egipto está en el continente africano.

Los beduinos son los pueblos que viven en el desierto egipcio.

Los beduinos son nómadas. Están siempre en movimiento.

Los beduinos viven principalmente en tiendas. Llevan sus tiendas de un lugar a otro, a lomo de camello.

◀ **Los beduinos llevan sus tiendas sobre camellos.**

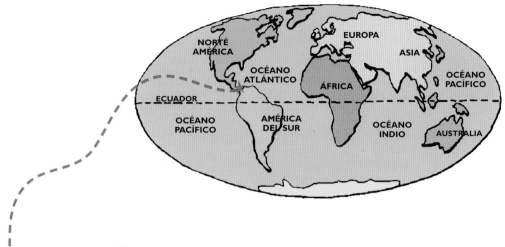

PANAMÁ

Panamá es parte de Centroamérica. Está en el continente norteamericano.

Panamá es muy caliente y húmedo.

Gran parte de Panamá es jungla y selva tropical.

Las personas que viven en la selva usan árboles y hojas para construir sus casas.

Construyen techos muy inclinados, para que la lluvia no se quede encima. En algunos lugares llueve casi todos los días.

◀ Casa en la selva de Panamá

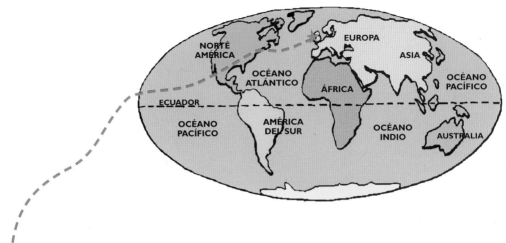

IRLANDA

Irlanda es parte del continente europeo.

Gran parte de Irlanda es terreno rocoso.

Hace miles de años, el pueblo usaba las piedras de las colinas rocosas de Irlanda para construir sus casas.

Estos hogares de piedra se llaman cabañas "colmenas".

Tienen forma abovedada, como la colmena de obeja.

Hoy, las cabañas colmenas se usan más como bodegas que como casas.

◀ **Casa colmena**

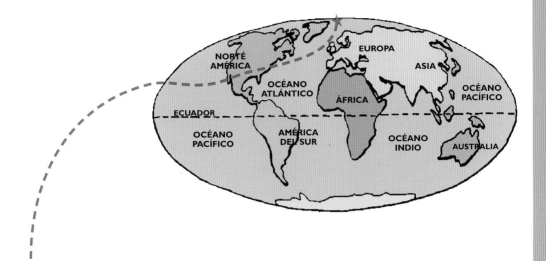

EL ÁRTICO

El Ártico está en la región más remota al norte.

El Polo Norte está en el Ártico.

Los pueblos que viven en el Ártico usan bloques de nieve para construir casas llamadas iglús.

Gruesas paredes de nieve conservan el calor dentro de los iglús, de modo que la gente se mantenga caliente.

◀ Construcción de un iglú

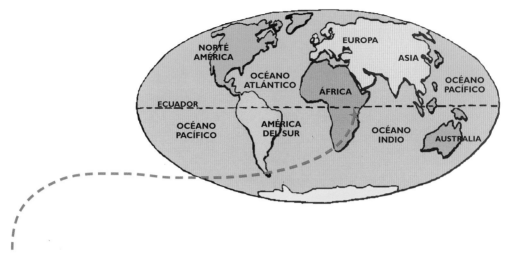

NORTE
AMÉRICA

EUROPA

ASIA

OCÉANO
ATLÁNTICO

OCÉANO
PACÍFICO

ÁFRICA

ECUADOR

OCÉANO
PACÍFICO

AMÉRICA
DEL SUR

OCÉANO
INDIO

AUSTRALIA

TANZANIA

Tanzania está en el continente africano.

Muchos pueblos nativos de Tanzania viven en las llanuras y en los pastizales.

Los habitantes de Tanzania usan paja, pastos y lodo para construir chozas.

Por dentro, las chozas son oscuras.

◀ **Niño al lado de una choza en Tanzania.**

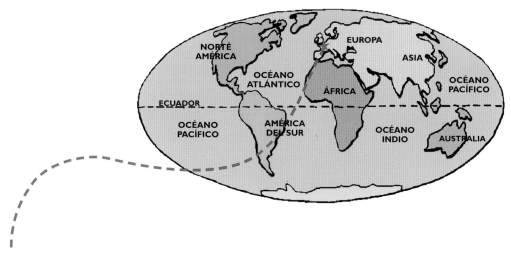

FRANCIA

Francia está en el continente europeo.

En la campiña francesa, muchos hogares sencillos se llaman casitas de campo.

Muchas casitas francesas están construidas con paredes de barro y techos de paja.

Algunas casitas están construidas con paredes de piedra y techos de teja.

La mayoría de las casitas tienen sólo unos cuantos cuartos.

◀ **Casita de piedra en Francia**

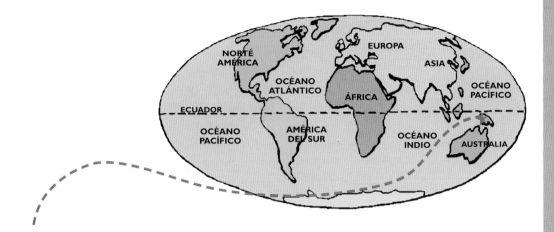

PAPUA NUEVA GUINEA

Papua Nueva Guinea es una nación isleña cerca de Australia. Tiene clima caliente y mucha lluvia.

Los pueblos nativos construyen casas con los numerosos árboles y plantas que crecen ahí.

Para construir la armazón se usan grandes troncos. Para formar el techo, se entretejen hojas de pasto y ramas.

La mayoría de las casas están elevadas sobre el suelo, para que se mantengan secas cuando la lluvia empapa el terreno.

◀ Casa en Papua Nueva Guinea

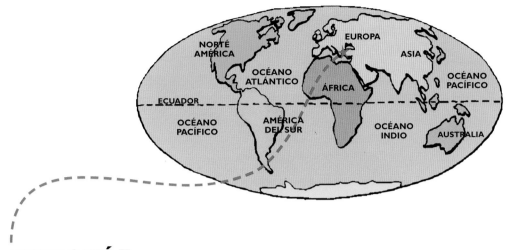

TURQUÍA

Turquía es parte de Europa y de Asia.

Turquía está en el Medio Oriente.

Gran parte de Turquía está en la costa del tibio Mar Mediterráneo.

A lo largo de la costa, muchas casas se construyen con paredes de piedra o de estuco parecido al cemento.

Las paredes de piedra mantienen fuera el sol y conservan fresco el interior de los hogares.

◄ **Casa de estuco en Turquía**

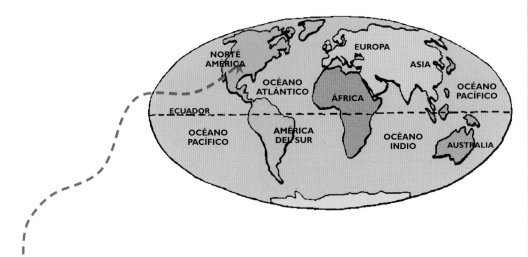

ESTADOS UNIDOS

Estados Unidos está en el continente
norteamericano.

Algunas de las casas más antiguas las construyeron
los colonos sobre la costa este de Massachusetts.

Las personas ricas de las colonias construían
grandes casas de madera con muchos cuartos.

Estos hogares tenían techos muy inclinados que
dejaban que la nieve corriera. Tenían también
ventanas pequeñas, para que se perdiera poco calor
en el invierno.

◀ **Hogar colonial en Massachusetts**

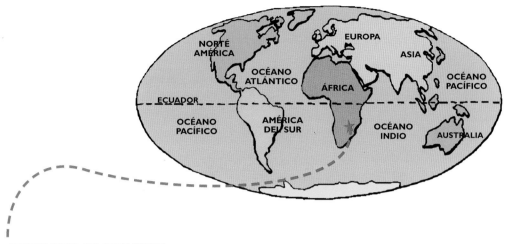

ZIMBABWE

Zimbabwe está en el continente africano.

Los pueblos nativos de Zimbabwe usan árboles y tierra para construir sus hogares.

Cuando se mezcla tierra con agua, se produce lodo para construcción. El lodo se usa para las paredes.

Para el techo, se usan ramas de árboles de la región. Cuando las ramas se entretejen, forman una sólida cubierta.

◀ **Hogar hecho de árboles y tierra**

Índice

Para más información

Sitios de la red

Casas y hogares
http://projects.edtech.sandi.net/brooklyn/housesquest

Libros
Hall, Margaret C. Homes: *Around the World.* New York: Heinemann, 2001.

Morris, Ann. *Houses and Homes.* New York: Harper Trophy 1995.

Mumford, Jenny. *Homes Around the World: Read All About It.* Austin, TX: Raintree, Steck-Vaughn, 1996.